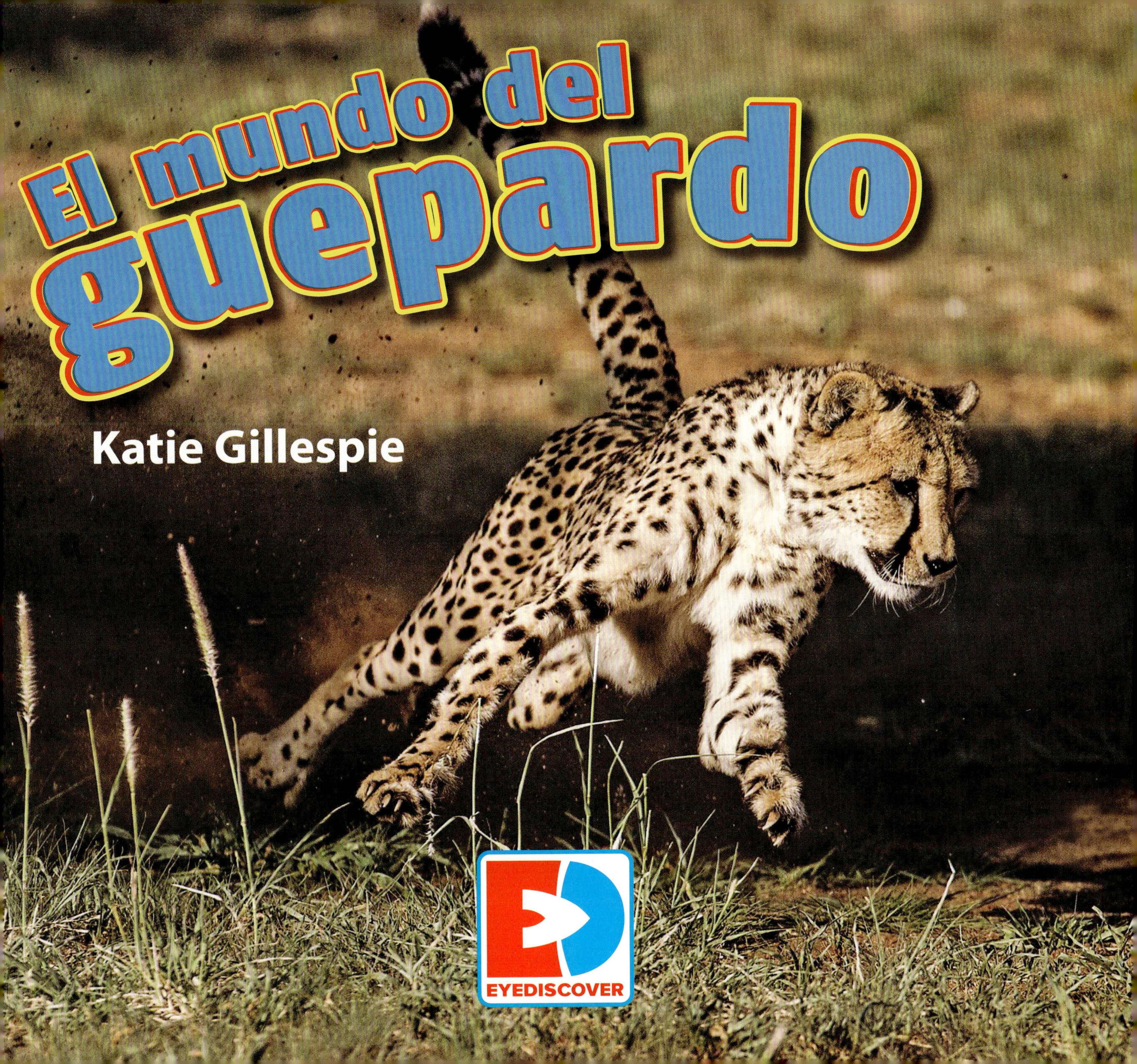
El mundo del guepardo
Katie Gillespie
EYEDISCOVER

Ve a **www.eyediscover.com** e ingresa el código único de este libro.

CÓDIGO DEL LIBRO

AVF47938

EYEDISCOVER te trae libros mejorados por multimedia que apoyan el aprendizaje activo.

Published by AV2
276 5th Avenue, Suite 704 #917
New York, NY 10001
Website: www.eyediscover.com

Library of Congress Control Number: 2020951973

ISBN 978-1-7911-3539-3 (hardcover)

Printed in Guangzhou, China
1 2 3 4 5 6 7 8 9 0 25 24 23 22 21

012021
102520

English Editor: Katie Gillespie
Spanish Editor: Ana María Vidal
Designer: Mandy Christiansen
Spanish/English Translator: Translation Services USA

The publisher acknowledges Getty Images, iStock, and Shutterstock as the primary image suppliers for this title.

EYEDISCOVER proporciona contenido enriquecido, optimizado para el uso en tabletas, que complementa este libro. Los libros de EYEDISCOVER se esfuerzan por crear un aprendizaje inspirado e involucrar a las mentes jóvenes en una experiencia de aprendizaje total.

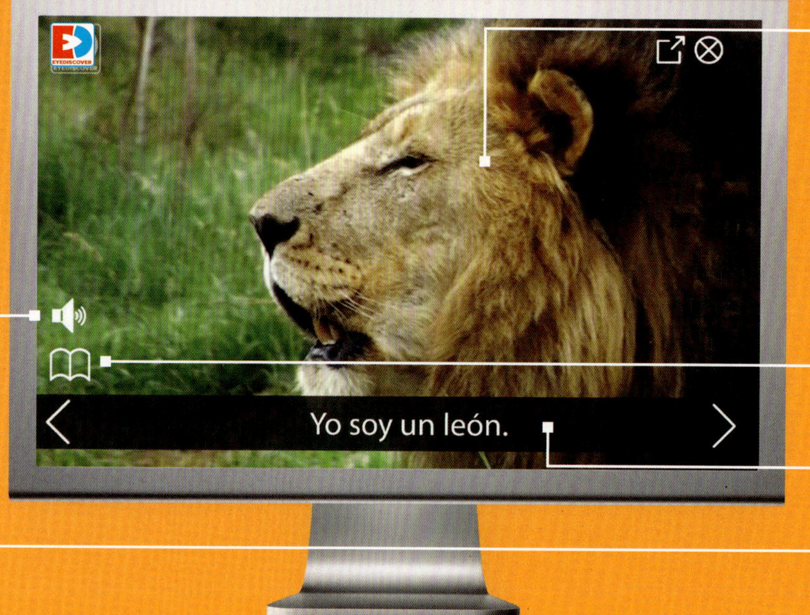

Mira
El contenido de video da vida a cada página.

Navega
Las miniaturas simplifican la navegación.

Lee
Sigue el texto en la pantalla.

Escucha
Escucha cada página leída en voz alta.

Tu EYEDISCOVER con Seguimiento de Lectura Óptico cobra vida con...

Audio
Escucha todo el libro leído en voz alta.

Video
Los videos de alta resolución convierten cada hoja en un seguimiento de lectura óptico.

OPTIMIZADO PARA
- TABLETAS
- PIZARRAS ELECTRÓNICAS
- COMPUTADORES
- ¡Y MUCHO MÁS!

El mundo del guepardo

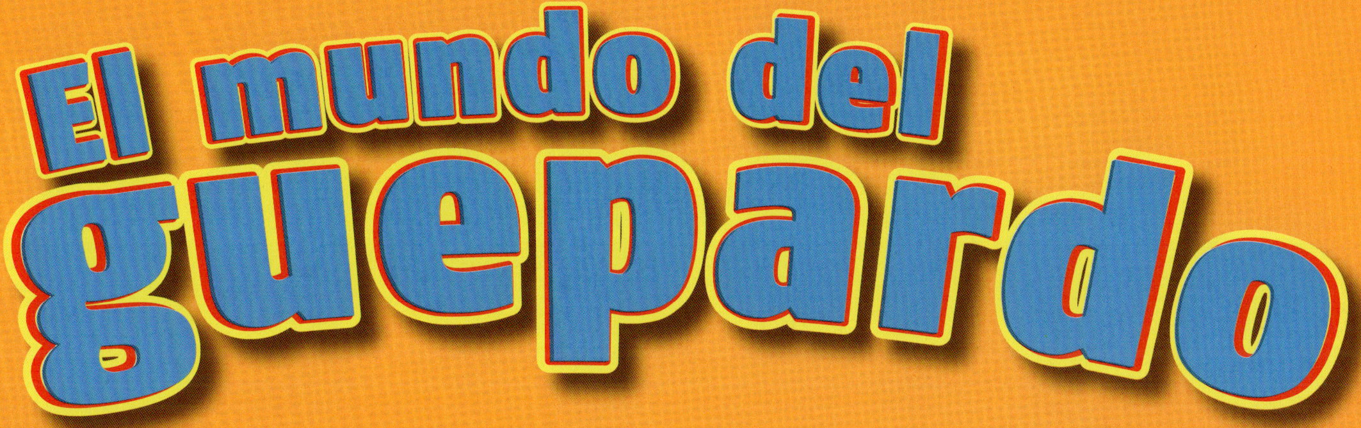

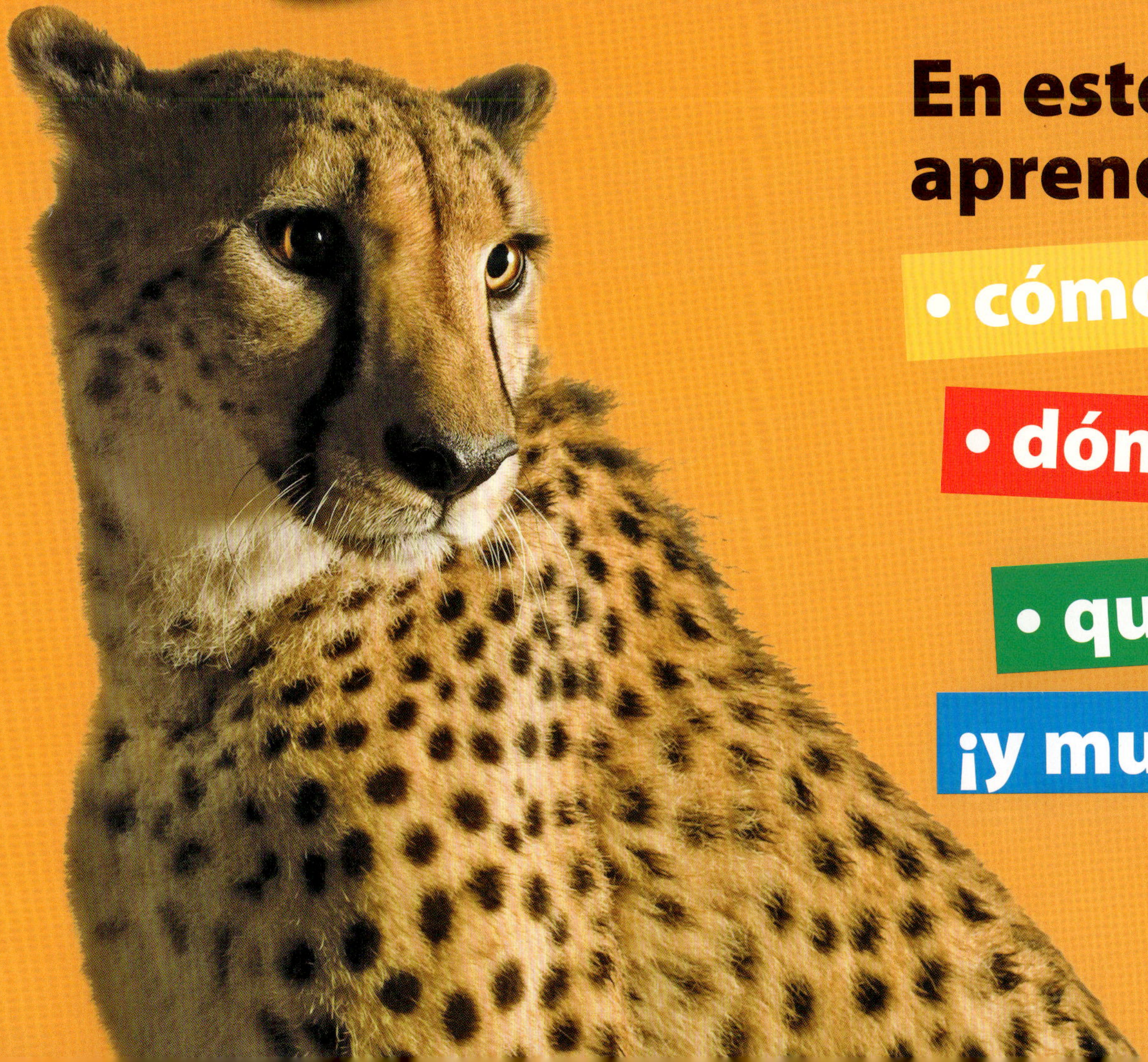

En este libro aprenderás

- cómo soy
- dónde vivo
- qué como

¡y mucho más!

Soy un guepardo.

Soy un gato grande de pelo amarillo y blanco. Mi pelaje tiene muchas manchitas negras.

Vivo en partes
de África y Asia.
Me gusta estar en
lugares abiertos.

Tengo dos líneas negras a los costados de mi hocico que me ayudan a bloquear la luz del sol para ver mejor.

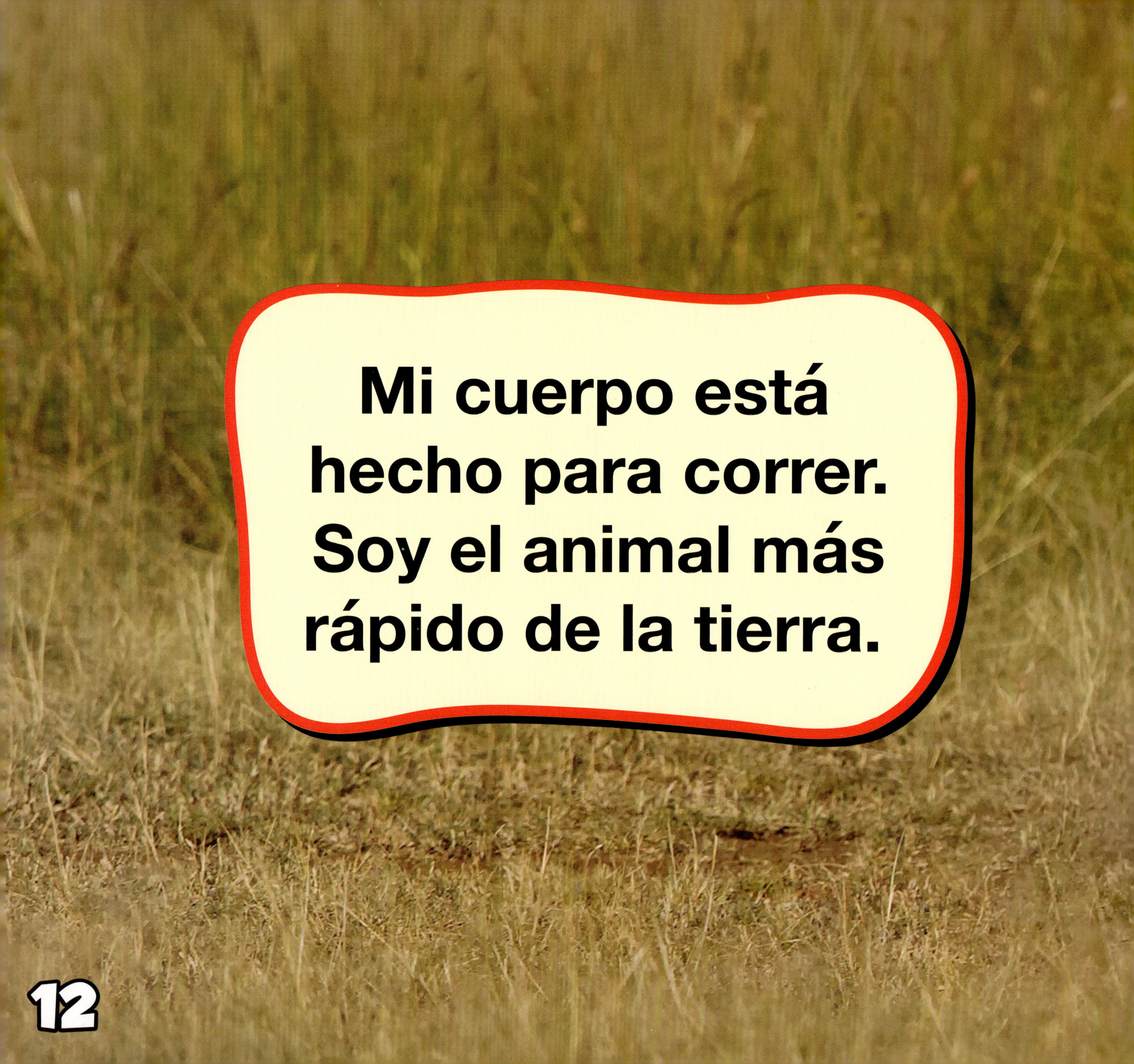
Mi cuerpo está
hecho para correr.
Soy el animal más
rápido de la tierra.

Soy carnívoro. Cazo impalas, gacelas y conejos para comer.

Tengo una cola fuerte y plana que me ayuda a girar rápido cuando estoy corriendo.

No sé rugir. Ronroneo cuando estoy contento y siseo cuando se acerca el peligro.

Necesito mucho espacio para estar contento y sano.

Quedan cerca de **7.100 guepardos** en la **naturaleza**.

El guepardo tarda solo **tres segundos** en alcanzar su velocidad máxima de **60 millas por hora** (100 kilómetros por hora).

El cachorro de guepardo **abre los ojos** dentro de los **primeros 10 días** de vida.

La **mamá guepardo** cría a sus cachorros durante **dos años.**

La población **más grande** de guepardos se encuentra en **Namibia, África.** El **90 %** de estos guepardos vive en **campos agrícolas.**

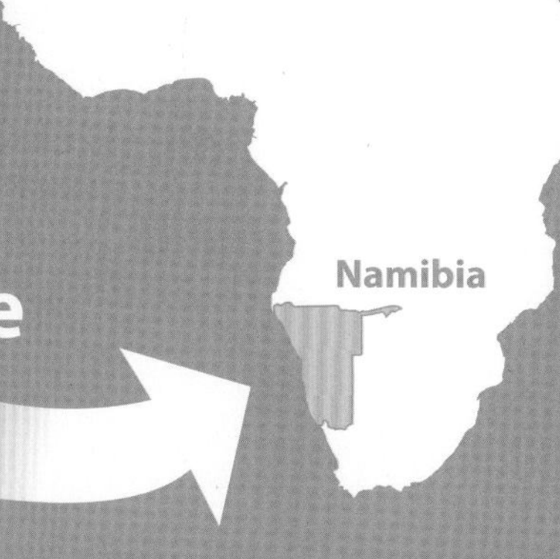

El guepardo necesita **descansar 30 minutos** para recuperar su respiración después de **perseguir a una presa.**

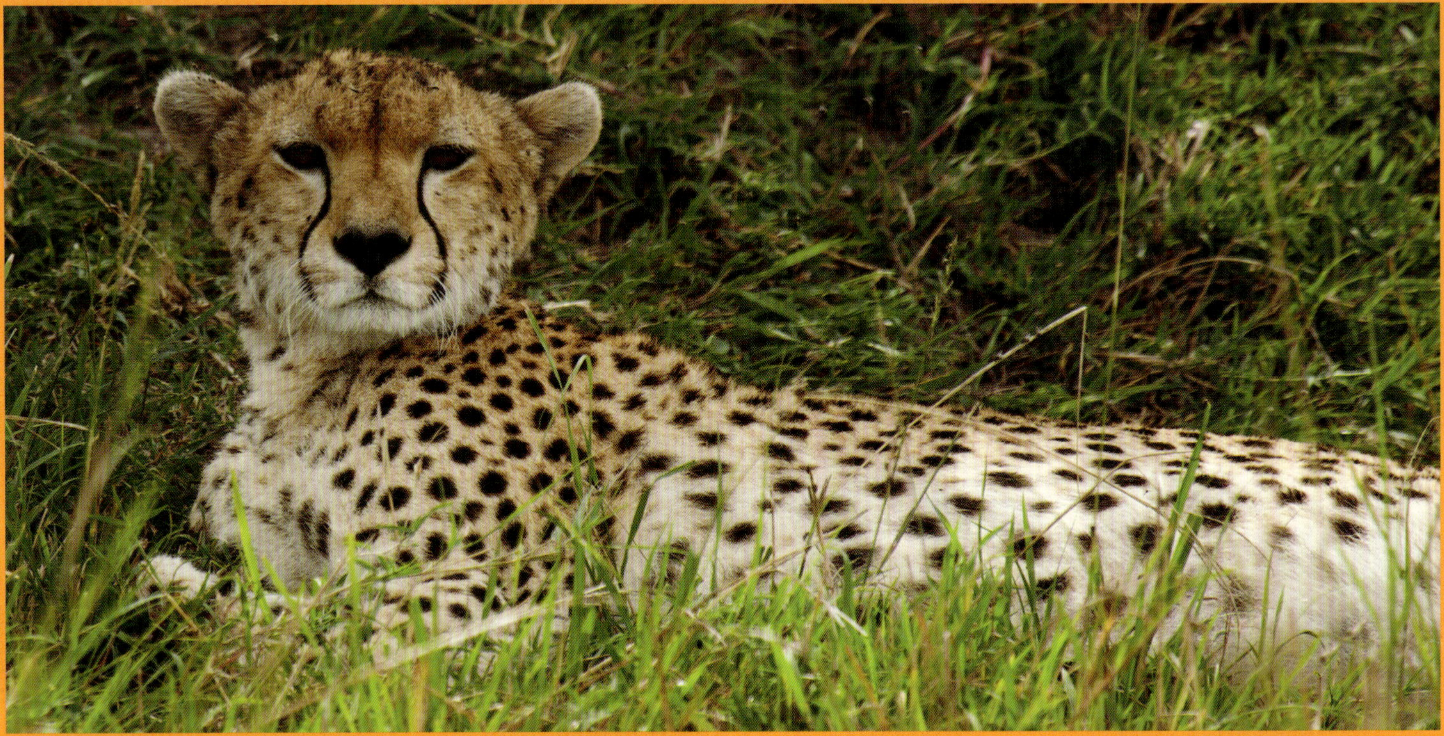

Mira
El contenido de video da vida a cada página.

Navega
Las miniaturas simplifican la navegación.

Lee
Sigue el texto en la pantalla.

Escucha
Escucha cada página leída en voz alta.

Ve a www.eyediscover.com e ingresa el código único de este libro.

CÓDIGO DEL LIBRO

AVF47938